LES

TAPISSERIES

DES DUCS DE LORRAINE

NOTE SUR LES TAPISSERIES DES DUCS DE LORRAINE.

M. E. Molinier, attaché au Musée du Louvre, a inséré, sous ce titre , dans le *Bulletin archéologique du Comité des travaux historiques*, année 1885 , un très intéressant travail, dont il a bien voulu autoriser la reproduction dans le *Journal de la Société d'Archéologie*. Nous le remercions de nous avoir mis à même de faire connaître à nos lecteurs les curieux documents que possède la Bibliothèque nationale relativement aux tapisseries qui se trouvaient dans le garde-meuble du Palais ducal.

En 1883, M. Eugène Müntz avait déjà publié dans nos

Mémoires une notice intitulée : *les Tapisseries de Nancy*, spécialement consacrée aux manufactures établies dans cette ville aux xviie et xviiie siècles, et où il parle de quelques pièces, exécutées par des artistes lorrains, qui ont été transportées à Vienne lors du départ du dernier duc de Lorraine.

Enfin, M. A. Darcel est venu (1) compléter les informations de M. Molinier relativement à plusieurs pièces de tapisseries, citées dans les inventaires, et qui n'appartiennent plus au mobilier de la couronne d'Autriche.

Les précieux renseignements fournis par l'éminent directeur du Musée de Cluny seront donnés en notes (2), avec sa signature.

Afin de tempérer un peu l'aridité des inventaires publiés par M. Molinier, j'y ai ajouté, aussi sous forme de notes, divers documents que m'ont fournis les comptes des trésoriers généraux de Lorraine, dont j'ai fait le dépouillement à dater du xvie siècle, et ceux de l'hôtel de Léopold et de François III, de 1698 à 1736.

Une seconde partie comprendra quelques renseignements sur les tapissiers, ouvriers ou artistes, qui furent attachés au service des ducs, et sur divers ouvrages non mentionnés dans l'inventaire.

Je terminerai par des détails sur les travaux exécutés sous le règne de Léopold, soit à la Malgrange, soit à Nancy, principalement pour rappeler les victoires de Charles V.

(1) *Note sur les tapisseries des ducs de Lorraine*, dans le *Bulletin archéologique* de 1886, p. 132-135.

(2) C'est mon très obligeant confrère M. Léon Germain qui a bien voulu se charger de les extraire du travail de M. Darcel et leur assigner une place dans celui-ci.

Voici d'abord la *Note* de M. Molinier.

I.

Les volumes cotés 462 et 463 de la collection de Lorraine, conservée au département des manuscrits à la
Bibliothèque nationale, contiennent une série d'inventaires du mobilier qui garnissait tant le château de
Nancy que les autres résidences des ducs de Lorraine.
Ces inventaires, dont le plus ancien date de 1530 et les
plus récents du xviiᵉ siècle, contiennent nombre de
renseignements précieux sur l'orfèvrerie, les armes, le
mobilier, les étoffes. Il serait à souhaiter que l'on pût
en publier de nombreux extraits ; l'inventaire de la
bibliothèque des ducs, notamment, mériterait de voir le
jour. En attendant que ce travail puisse être entrepris,
nous voudrions faire connaître quelques extraits de ces
documents, relatifs aux tapisseries. La garde-robe des
ducs était assez riche sous ce rapport, ainsi qu'on
pourra le voir ; mais ce qui fait surtout l'intérêt de ces
descriptions, c'est qu'une partie de ces tapisseries subsistent encore aujourd'hui : elles font partie du garde-
meuble impérial d'Autriche, dans lequel elles sont en-
trées avec la succession du duc François, l'époux de
Marie-Thérèse. L'inventaire des tapisseries appartenant
au garde-meuble de Vienne a été publié (1), et les excel-

(1) Docteur von Birk, *Inventar der im Besitze des allerhoechsten Kaiserhauses befindlichen niederlaender Tapeten
und Gobelins*, dans le *Jahrbuch der kuntshistorischen Samm-
lungen des allerhoechsten Kaiserhauses*, t. I, II et III.
Vienne, 1883-1885, avec 59 planches photogravées.

lentes planches qui accompagnent ce travail permettent
de juger de la beauté des tapisseries rassemblées à
Nancy au xvi° et au xvii° siècle.

Il n'est pas sans intérêt non plus de faire remarquer
que quelques-unes de ces tapisseries ont été fabriquées
en Lorraine ; M. Eug. Müntz a déjà retracé l'histoire
des fabriques de tapisseries de Nancy (1) et signalé le
payement fait à Frantz, tapissier du duc, « pour le reste
de la fourniture qu'il a faicte en la tapisserie de l'*Histoire de Moyse* » ; cette mention se trouve dans le compte
du trésorier général pour les années 1565-1566 (2). La
suite de l'*Histoire de Moyse* existe encore aujourd'hui,
et sa marque, composée de la double croix de Lorraine,
vient confirmer ce que le document permettait de supposer (*). De toutes les tapisseries mentionnées dans les

(1) *Les fabriques de tapisseries de Nancy*, Nancy, 1883,
in-8°. (Extrait des *Mémoires de la Société d'Archéologie
lorraine.*)

(2) *Ibid.*, p. 5.

(*) M. Darcel croit néanmoins (p. 134 du *Bulletin archéologique*) que cette tapisserie est de fabrication flamande.
Son opinion n'est pas celle de M. Müntz ni du docteur
von Birk, ainsi que l'indique le n° I de son catalogue ci-
après.

Il convient, à ce propos, de rapporter textuellement la
mention qui la concerne : « A Frantz, tapissier de Son Al-
» teze, la somme de vingtcinq frans, monnoye de Lorraine,
» qu'il a pleu à Monseigneur luy estre paiez pour reste de
» la fourniture qu'il a faicte en la tapisserie de l'histoire de
» Moyse, qui luy estoit deu ». (B. 1143, f° 144.)

Cette *Histoire de Moïse* paraît dans la *Pompe funèbre du
duc Charles III*, où l'on voit la salle d'honneur tendue de
tapisseries, dont l'une représente Moïse sauvé des eaux, et
une autre, *l'histoire de saint Paul*. Ce dernier sujet fut

inventaires que nous publions, l'*Histoire de Moyse* est la seule parmi celles qu'a recueillies le Trésor de Vienne qui porte cette marque ; mais le garde-meuble des empereurs d'Autriche est loin de posséder toutes les tapisseries qui se trouvaient encore à Nancy au xviie siècle, et il est permis de penser que, parmi ces nombreuses tentures, beaucoup avaient été fabriquées en Lorraine ; toutefois ce ne fut qu'au commencement du xviie siècle que l'industrie des tapissiers prit à Nancy sa plus grande extension (1).

Notre inventaire le plus récent date de 1606 : il s'ensuit qu'il ne nous donne pas la totalité des tapisseries qui furent apportées au garde-meuble autrichien par le duc François. Voici, d'après le catalogue dressé par le docteur Von Birk, la liste de ces tapisseries ; nous fai-

reproduit, en 1620, par un ouvrier flamand qui était venu s'établir à Nancy quelques années auparavant : « A Bernard Wander Hameyden, tapissier, la somme de trois mille six cent frans pour deux tendues de tapisserie de haute lisse figurées, l'une de *l'histoire St Paul* et l'autre des *bergères*, que S. A. a achepté de luy et dont elle a fait don à Madame... » (Compte de 1620, B. 1410, fo 281.)

Le compte de la dépense de l'hôtel de Léopold pour l'année 1724 (B. 1681, no 275) fait mention d'une somme de 485 livres délivrée au Sr Germain , tapissier, « pour avoir fait racomoder quatre pièces de tapisserie de *l'histoire de St Paul* ».

En 1617, Bernard Wander Hameyden avait fait « une tendue de tapicerie de haulte lisse représentant *l'histoire d'Olopherne* », dont le duc Henri II fit présent à M. de Bourlémont. (B. 1388.)

(1) *Ibid.*, p. 7.

sons précéder chaque série du chiffre qu'elle porte dans ce catalogue :

I. Scènes de l'histoire de Moïse, 9 pièces ; *fabrique lorraine* (*), xvie siècle (1).

II. Scènes de la vie d'Abraham, 10 pièces, fabrique de Bruxelles, xvie siècle. Ces tapisseries portent les armes du cardinal Charles de Lorraine-Vaudémont († 30 octobre 1587).

III. Scènes de la vie de saint Paul (**), 4 pièces ; monogramme composé d'un S et d'une croix ; xvie siècle.

IV. Scènes tirées du livre de Tobie, 8 pièces ; fabrique de Bruxelles, xvie siècle.

V. Scènes de la vie d'Alexandre, 11 pièces ; fabrique des Gobelins, xviie siècle.

VI. Scènes mythologiques, d'après Coypel, 8 pièces ; fabrique des Gobelins. Données le 4 février 1730 par Louis XV au duc François III.

VII. Victoires du duc Charles V de Lorraine, 5 pièces ; fabrique de Nancy et monogramme du tapissier Charles Mitté, xviiie siècle.

VIII. Histoire de Romulus et de Rémus, 8 pièces ; sans marque de fabrique, mais portant différentes marques d'artistes, xvie siècle (***).

(*) V. la note ci-devant.
(1) *Jahrbuch...*, t. I, p. 215.
(**) V. la note ci-devant.
(***) Cette tapisserie faisait partie du mobilier de Léopold, comme on le voit par la mention suivante du compte de la dépense de son hôtel pour l'année 1728 (B. 1691, f° 48) : « A le Coq, père et fils, tapissiers, la somme de 492 livres pour avoir racomodé 8 pièces de tapisserie représentant *Romulus*. Mandement du 20e avril 1728. »
Par mandement du 29 février précédent, il avait été déli-

IX. Victoires du duc Charles V de Lorraine, 19 pièces ; fabrique de la Malgrange, xviiiᵉ siècle.

XI. Les douze mois, 12 pièces ; fabrique de Bruxelles, xviᵉ siècle (*).

XII. Histoire de Scipion l'Africain, 5 pièces ; fabrique de Bruxelles, xviiᵉ siècle.

XXIV. Histoire de Diane, 8 pièces ; fabrique de Paris, xviiᵉ siècle.

XXV. Bergeries, 6 pièces ; fabrique de Bruxelles, xviiiᵉ siècle.

XXVI, XXVII et XXVIII, Armes du duc Léopold et de sa femme, Elisabeth-Charlotte d'Orléans, 24 portières ; fabrique de la Malgrange ou de Lunéville (**), signées : F. Josse Bacor, 1719. Quatre d'entre elles ne portent pas de signatures.

XXIX. Arabesques, 2 portières ; fabrique de la Malgrange, xviiiᵉ siècle.

CI. Les travaux d'Hercule, 9 pièces ; fabrique d'Audenarde, xviᵉ siècle (1).

vré une somme de 40 livres 11 sous « aux Poix, père et fils, tapissiers, pour avoir racomodé huict pièces de tapisserie représentant *Achille* ». (*Ib.*, fᵒ 47 vᵒ.)

(*) V. la note du nᵒ 74 de l'Inventaire ci-après.

(**) Aucun de nos documents ne parle de tapisseries fabriquées à Lunéville ; celles dont il est ici question furent donc certainement faites à la Malgrange. Je n'ai pu, toutefois, trouver de mention qui les concerne positivement ; les comptes de la dépense de l'hôtel pour les mois de juillet 1719 (B. 642) et 1720 (B. 1646) portent seulement : 443 livres 1 s. 6 d. à Saintelette, marchand, « pour les laines, soye et argent qu'il a fourni à Bacor. Mandement du 31 décembre 1718 ». — A Mathieu, marchand à Nancy, 1.57 livres 14 s. « pour damas, taffetas et galons fournis pour des portières ». — En 1732, Germain, tapissier, raccommode dix portières de tapisserie de haute-lisse et en « rétablit » douze.

(1) *Jahrbuch...*, t. II, p. 206.

CII. Triomphes de Pétrarque, 6 pièces; fin du xve siècle. Légendes françaises en vers.

CV. Les douze mois, 10 pièces; fabrique de la Malgrange, 1728-1736 (*).

Telles sont les pièces que l'inventaire du garde-meuble impérial de Vienne donne comme provenant de François de Lorraine; nous verrons que, parmi les pièces dont la provenance n'est pas indiquée, il en est qui peuvent être identifiées avec certaines tapisseries mentionnées dans les inventaires du xvie et du xviie siècle. Est-ce là une coïncidence fortuite, les mêmes sujets ayant été souvent traités un grand nombre de fois, ou bien faut-il croire qu'à Vienne il y a certaines pièces dont on ne peut plus établir authentiquement la provenance? C'est là un point sur lequel on ne saurait être affirmatif, mais toutefois une pareille coïncidence est pour le moins curieuse.

Voici les fragments d'inventaires mentionnant ou décrivant des tapisseries:

I

Année 1540.

Et premièrement:

1. Sept pièces de tapisserie pour la salle (**).

(*) V. à la fin de ce travail ce qui a rapport aux derniers ouvrages faits à la Malgrange.

(**) On lit dans le compte de 1530-1531 (B. 1046): « A Pierre Thierri, marchant, demourant à Fontenoy en Bourgongne, la somme de huit cens quarante sept frans trois gros pour parpaye de la tappisserie d'une chambre (n° 2) et une salle que Monseigneur le duc a fait faire en Flandre (à Bruxelles, porte une autre mention) ... » — En marge est écrit : « Le

2. En la chambre de Monseigneur sept pièces de tapisserie de verdure (1).

II

Année 1552.

Tappisseries de lainne.

3. Huict pièces de tappisserie de l'histoire de Jason, de
lainne et soye (2).

4. Huict pièces de tappisserie de layne et soye de l'Estat
de noblesse (3).

5. Huict pièces de tappisserye de layne avec soye, historiée
de Lerian et Lauréolle (4).

trésorier fait despence de vijᶜ lxx fr. x gros en son compte
précédent pour l'achapt de ladicte tapisserie, qui monte en
tout à xvjᶜ xviij fr. j gr... En laquelle tappisserie y a vjᶜ
xviij aulnes, à raison de xxxiij gr. l'une »

(1) Bibliothèque nationale, collection de Lorraine, nᵒ 462,
fol. 95.

(2) L'histoire de Jason est mentionnée également plus
bas, sous les numéros 9 et 64, comme étant composée de
onze pièces. Il est possible qu'en 1552 la tenture ne fût pas
terminée.

(3) Mentionné une seconde fois sous le numéro 19.

(4) On retrouve plus bas, sous le numéro 18, « huit pièces
de Leryant ». Nous ne savons au juste de quel sujet il s'agit,
ni s'il faut y reconnaître, comme l'a fait M. J. Guiffrey, avec
un point d'interrogation toutefois, l'histoire de Héro et de
Léandre. Dans les tapisseries données en 1528 par le roi de
France à Renée de Ferrare figurent également neuf pièces
de l'histoire de « Lérian et L'Aureolle ». (*Histoire générale
de la tapisserie* par J. Guiffrey, E. Müntz et H. Pinchard,
Tapisseries françaises, p. 81.)

«... Trois pièces de cette tenture ont été exposées aux
Champs-Elysées par l'Union centrale, en 1884 ;... c'est bien
de Lérian et de Lauréolle qu'il s'agit dans ces pièces où leurs

6. Neuf pièces de tappisserye d'Egiptiens (1) et troys banchets, dont il y en a deux cousues ensemble.

7. Six grands tappis veluz de Turquye, plus deux petitz aussi de Turquye.

8. Une couverte de mulet aux armes de Lorraine (2).

III

Fin du XVIe siècle; sans date (*).

La tapisserie estant en la maison de Monseigneur à Nancey.
Premier, neufve tappisseries.

noms sont inscrits, et... nous devons à la complaisante érudition de M. Michelant de savoir que l'histoire de ces personnages est empruntée à un roman espagnol traduit en italien, puis translaté en français et publié en 1827 sous le titre de *La prison d'amours*. Quant aux tapisseries, qui sont d'un caractère très particulier, elles doivent sortir d'un atelier français que nous ignorons. Nous avons donné ces renseignements dans une étude qui fait partie d'un livre sur *Les arts du bois, des tissus et du papier*, publié par l'Union centrale. » (M. A. Darcel.)

(1) Il faut peut-être identifier ces « tapisseries d'Egiptiens » avec les « pièces de carvanne (*lisez :* caravane) », mentionnées sous les numéros 20 et 48.

(2) Bibliothèque nationale, collection de Lorraine, n° 463, fol. 73.

(*) La mention suivante du compte de l'année 1564-1565 (B. 1140, f° 244), pourrait peut-être s'appliquer à l'une des pièces décrites dans cette partie de l'inventaire : « Au Sr Oxce, chambellan de Monseigneur, cappitaine de Schambourg, la somme de huict mil cens soixante quatre escus soleil, à quatre frans pièce, monnoye de Lorraine, qu'il a fourny et desbourcé, pour et au nom de mondict seigneur, ès mains de Rodrigo, marchant, demourant à Luberck, pour une tappisserie prinse et acheptée de luy à ce mesme pris, icelle faicte de filz d'or et d'argent et soye, qu'il a pleu à mondict seigneur avoir audict pris... Cy..... xxxvᵐ iiijᶜ lvj fr. »

9. Unze pièces de véaige de Calcus comprins ung ciel et trois rabas (1).

10. La neufve bergerie, six pièces (*).

11. Six pièces de sebilles (2).

12. Neuf pièces où sont les espers (3).

(1) Il faut sans doute identifier le numéro 9 avec le numéro 3 et traduire *Calcus* par *Colchos* ; on remarquera toutefois qu'il s'agit ici d'une suite composée de onze pièces au lieu de huit, mais il se peut que toute la série n'étant pas placée au même endroit, un certain nombre de pièces aient échappé à l'inventaire de 1552; il se peut aussi que cette tenture ne comptât que huit tableaux à cette première date et n'ait été terminée que plus tard.

(*) Le lieu de fabrication et le nom du fabricant de cette tapisserie sont indiqués dans la note ci-après, du compte de 1523-1524 (B. 1030) : « A Jehan Careillier, tappicier, demeurant à Tournay, la somme de trois cens six frans neuf gros pour ijc iiij aulnes et demy tappisserie de *bergerie*, à soye et layne, en six pièces, qu'il a délivrées pour Monseigneur le duc, pour la fourniture d'une chambre ».

Le compte de l'année suivante (B. 1032) renferme une mention qui semble pouvoir concerner les nos 6 ou 12 : « A Jehan Carrelier,... la somme de neuf cens vingts frans pour deux cens soixante aulnes de tappicerie en neuf pièces qu'il a délivré ès mains de Madame la duchesse ».

Le même fabricant avait déjà touché, d'après le compte de 1522-1523 (B. 1029), la somme de 1912 fr. 1 gr. 10 d. pour la fourniture d'une tapisserie.

(2) V. aussi n° 50.

(3) A rapprocher sans doute des numéros 14 et 46, où nous voyons des *soches* ou *souches;* il s'agit dans les deux cas de pièces de bois, ce qui ne se comprend guère, à moins que l'on n'ait voulu désigner ainsi une disposition particulière de branchages dans des *verdures*.

« M. Molinier s'étonne, avec raison, de la désignation suivante : « treize pièces où sont les soches », des nos 14 et 46, et suppose qu'il s'agit de tentures où les souches sont

13. Unze pièces de pensées (1).

14. Treize pièces où sont les soches.

15. Huict pièces où sont les fontaines (2).

16. Neuf pièces du prince de Perses (3) et (*).

17. Douze pièces où sont les signes comprins ung ciel et deux banchiers (4).

disposées d'une certaine façon. Nous croyons qu'il a raison. L'hôpital de Beaune possède, en effet, des tentures composées d'un semis de branches sur chacune desquelles est posée une colombe. En tête de la pièce une souche porte l'écu de Guigonne de Salins, femme du chancelier Rolin, qui fonda l'hospice ; c'est elle qui, étant veuve, fit exécuter cette tenture, qui est semée de la représentation de son *impresa :* une colombe, avec la devise : *Seule.* Or, il est fort possible qu'il ait existé des tentures semées de troncs d'arbres ou de souches, comme on en voit en l'un des coins de celle de Beaune. » (M. A. Darcel.)

(1) Voir aussi n° 47.

(2) Voir également n° 49.

(3) Il s'agit ici de l'histoire de Darius et d'Alexandre le Grand, décrite aussi plus bas sous le numéro 76. Le Garde-meuble impérial de Vienne possède aussi une histoire d'Alexandre en neuf pièces (*Jahrbuch...*, t. II, p. 184, 185, n° LXXII) et une autre en huit pièces (*Ibid.*, n° LXXIII). Bien que ces tapisseries ne soient pas rangées parmi celles qui proviennent du duc François, elles pourraient bien venir de Nancy. Les premières sont du XVIe siècle et de la fabrique de Bruxelles ; les secondes, du XVIe siècle également, ne portent pas de marque de fabrique, mais seulement un monogramme composé d'un H surmonté d'un V et d'un l.

(*) Ce monogramme est peut-être celui de Joost van *Her*selle et de Girard *V*oot. (V. la note du n° 74.)

(4) Inventoriées également sous les numéros 55 et 74. Garde-meuble de Vienne, n° XI (*Jahrbuch...*, t. I, p. 225, 226). Ces tapisseries sont du XVIe siècle et de la fabrique de Bruxelles.

18. Huict pièces de Leryant (1).

19. Huict pièces de l'Estat de noblesse.

20. Dix pièces de carvanne (2).

21. Six pièces où sont les sept péchez mortelz (3).

22. Sept pièces de l'empereur Tragens, comprins ung ciel avec les pans.

23. Huict pièces de l'empereur Julianus.

24. Six pièces d'Esterre (*).

25. Neuf pièces de bancquetz.

26. Trente six grans et moyens lappis de Turquie, comprins ung demy rez et deux vellus.

27. Huict neufves couvertes (**).

Vieilles tapisseries.

28. Huict pièces de gens d'armes (4).

29. Six pièces croix de Jherusalem (5).

(1) Voir plus haut n° 5.

(2) V. plus haut n° 6.

(3) Ce sont probablement les tapisseries qui figurent dans l'inventaire du garde-meuble de Vienne sous le numéro xxxv (*Jahrbuch*..., t. I, p. 241). La série est complète en sept pièces; elles sont de Bruxelles et du xvie siècle.

(*) Le Musée lorrain possède deux pans de tapisserie représentant des scènes de l'histoire d'Esther et d'Assuérus; mais cette tapisserie remonte certainement plus haut que le xvie siècle.

(**) On peut supposer, par la mention suivante du compte de 1524-1525 (B. 1032), par quel ouvrier quelques-unes de ces couvertes étaient façonnées : « A David (Regnauldin), brodeur et tappicier de Monseigneur, pour parties de son mestier qu'il a faictes et fournies tant en garnitures de tappicerie que en quatorze couvertes de mullets qu'il a faictes neufves,... la somme de deux cens soixante six frans deux gros... » (V. aussi le n° 69.)

(4) Inventorié également sous le numéro 65.

(5) Voir plus bas le numéro 58.

30. Douze pièces de grans rosiers, comprins ung viel.

31. Douze pièces jaulne bortz, comprins ung ciel et quatre que l'on a coppé à servir où l'on vouldra.

32. Vingt trois pièces tapisseries de menues verdures tant grandes que petites, comprins deux qui sont chés dame Marie.

33. Huict pièces de cadrans.

34. Treize pièces de jaulne verdure.

35. Quarante huict couvertes, comprins xxv à Condé (*).

36. Huict petis vieulx tappis.

37. Ung ciel de salle de velour jaulne et satin jaulne.

38. Ung autre ciel de velour jaulne et de damas rouge, en la chambre de Monseigneur.

39. Ung docelet de velour vert et toille d'or, qui estoit en la chambre de feue Madame (1).

40. Huict petis tappiz velluz neuf, achapté à Lyon au retour du veaige de Nice (**).

41. Deux autres grans tappiz velux.

42. Encore ung tappiz veluz achapté aux bancquiers.

43. Ung ciel de satin rouge avec des histoires faictes de

(*) On lit dans le compte de 1528-1529 (B. 1040) : « A Pierre Thierry, marchant, demeurant à Fontenoy, la somme de cent trente ung franc six gros à luy payé pour parpaye de quatre cent trente ung franc six gros, en quoy ont monté cinquante couvertes de tappisserie ».

Il est parlé plus loin d'achat de toile pour doubler les couvertes « que l'on a faict admener de Flandres pour servir à Condey » (au château de Condé-sur-Moselle, aujourd'hui Custines).

(1) Il s'agit ici de Claude, fille de Henri II, femme de Charles III de Lorraine, morte le 20 février 1575.

(** Par le duc Antoine, en 1539 (B. 1046 et 1113). — On voit, en 1509 et 1510, Antoine acheter des tapisseries à Lyon près de Jacques Bas, marchand, puis près de Jean Marion, marchand, « compagnon de Jacques Bas ». (B. 1012, fo 90, et 1016, fo 79.)

broderie, que l'on porte le jour du *Corpus Domini* (1) et (*).

IV

Sans date ; fin du XVI° siècle.

Inventaire de la tapisserie estant à la court de Nancy soubz la charge de Jehan (**), tapissier, portier de la maison.

44. Dix pièces de bancquetz bonnes.
45. Huict pièces de Julianus bonnes.
46. Treize pièces des souches bonnes.
47. Unze pièces de pencées bonnes.
48. Neuf pièces de carvanes bonnes.
49. Huict pièces de fontennes, d'une sorte.
50. Six pièces de sibilles.
51. Sept pièces du pressoir (2).
52. Et cinq pièces de fontennes, d'autre sorte.

(1) Bibliothèque nationale, collection de Lorraine, n° 462, fol. 220.

(*) La note ci-après, du compte de 1534-1535 (B. 1056), *paraît* se rapporter à cet article : « A David Regnauldin, maistres Pierre et Waultrin, broddeurs de Monseigneur le duc et de ma dame la duchesse, la somme de trois cens trente cinq frans quatre gros quatre deniers pour parties de leurs arts et mestiers qu'ilz ont faictz, fourniz et délivrez pour façon de deux cyelx, l'un à porter le *corpus domini* le jour du sainct sacrement, l'autre qui a servy en la grant salle le jour des Estats tenuz à Nancey... »

(**) Jean Rougerin.

(2) «... Nous avons pu voir à l'hôtel des ventes, dans le courant de l'année dernière, six ou sept pièces d'une tenture du XV° siècle, représentant des vendanges, dans lesquelles le pressoir est souvent figuré. Ces représentations nous ont vivement intéressé parce que nous avons pu constater que les vieux pressoirs à cidre, formés de deux gros arbres que l'on rapproche à l'aide d'une vis en bois, employés encore en Normandie, sont de construction semblable à celle des

53. Huict pièces de jaulnes verdures où il y a des bestes.

54. Huict pièces d'auitre jaulne verdure où il n'y a pcinct de bestes.

55. Douze pièces des signes.

56. Autre deux banchetz.

57. Vingt neuf pièces de grosse estoffe.

58. Dix pièces de croix de Jherusalem.

59. Huict pièces de verdure verte.

60. Neuf pièces de roziers.

61. Neuf pièces d'aultres roziers à jaulnes bordures.

62. Douze pièces vieille bergerie.

63. Six pièces d'aultre bergerie envoyez en France par Monseigneur.

64. Unze pièces de Calcus envoyez en France par Monseigneur.

65. Sept pièces de gens d'armes.

66. Vingt banchetz servans à pentes de licts.

67. Douze petites couvertes de verdure qui ne vallent guères.

68. Six pièces de petites verdures avec des rozettes d'or servans à la chambre dorée.

69. Huict couvertes de mulets.

70. xxxii tappis vellus grans et moyens bons.

71. Huict petis vielz tappis velluz qui ne vallent guères.

72. Ung aultre viel tappis aux armes de feue Madame demi redz et demi vellu (1).

pressoirs du xvᵉ siècle, tels qu'ils sont représentés en grand sur ces tapisseries, dont nous ignorons le possesseur actuel. » (M. A. Darcel.)

(1) Bibliothèque nationale, collection de Lorraine, n° 463, fol. 8, 9.

« Sous le n° 72, nous trouvons : « un viel tappis aux armes de feue Madame demi-redz et demi vellu », qui est d'un haut intérêt pour l'histoire des tapis veloutés dits de *la*

V

17 mai 1575 et 22 janvier 1606.
Tapisseries de haulte lisse.

73. Dix pièces de tapisseries de haulte lisse de l'histoire de Moyse (*), avec deux devantz de fenestres, faictes de soye fine rehaussée d'or et d'argent, les bordures larges de plusieurs figures rehaussées de mesme, et au fond d'or, l'enclosture des dictes bordures faictes en torty de feuillages et de fleurettes sur un baston de soye cramoisy, au chacune des dictes pièces les armoiries de Sa Majesté de Dannemarck, de Son Altesse et de feue Madame (1).

Savonnerie. Les mentions, dans les inventaires, de tapis velus qui, quoique non indiqués comme étant d'Orient, puissent être attribués à une fabrique occidentale, sont excessivement rares. Mais ici, dans ce tapis orné des armoiries de l'une des duchesses de Lorraine, en partie raz et en partie velu, comme sont quelques tapis persans, nous trouvons une indication précieuse de fabrication en Europe. » (M. A. Darcel.)

(*) Le même sujet fut encore reproduit plus tard en une tapisserie dont la provenance n'est pas connue. On lit dans le compte de l'année 1613 (B. 1347, f° 287 v°) : « Faict despence ce trésorier de la somme de deux milz deux cens cinquante frans pour payement d'une tappisserie de haulte-lice contenante huict pièces de l'histoire de Moyse, qu'il a vendu et délivré pour le service de S. A... »

(1) L'histoire de Moïse porte dans l'inventaire du garde-meuble de Vienne le numéro 1 (*Jahrbuch...*, t. I, p. 215, 216) ; elles sont reproduites en photogravure dans le tome II du *Jahrbuch*. Les tentures n°s 1, 2, 4, 8 et 9 de cette série portent les armoiries du duc François de Lorraine († 12 juin 1545) et de sa femme Christine de Danemark († 1590) ; les numéros 3, 5 et 7 les armoiries de Charles III de Lorraine († 14 mai 1608) et de sa femme Claude, fille de Henri II

2

Ceste tapisserie doit servir à la première tendue du lict de perles cy devant.

74. Douze pièces de tapisseries de haulte lisse où sont les douze mois, remplis d'une grotesque faicte de soye rehaussée d'or et d'argent, le fond de soye cramoisie, la bordure large au fond d'or avec plusieurs sortes de fruictz rehaussez de soye (*).

(† 20 février 1575) ; le numéro 6 porte seulement les armes de Lorraine. Cette série n'était donc pas finie en 1544, quand mourut le duc François. Il n'en subsiste aujourd'hui que neuf pièces. Comme nous l'avons dit plus haut, ces tapisseries sont de fabrication lorraine.

(*) Voici la mention relative à cet article et au n° 78 :

« Le trésorier général faict despence de la somme de trente sept milz deux cens quatre vingt quatre frans , monnoie de Lorraine, qu'il a paié et délivré à Joost von Herselle, tapissier de Bruxelles, et Girard Vool, marchant, demeurant en la ville d'Anvers, sçavoir : trente trois milz trois cens quatre vingtz neuf frans pour paiement de deux tapisseries faictes de fil d'or, d'argent, de soie et de laine, que Monseigneur a heu faict prendre et achepter d'eulx,... en l'une desquelles tapisseries les *Actz des apostres* y sont dépeinctz, contenans en neuf pièces quatre cens soixante aulnes et demy, mesure de Flandres, à raison de trois escus, à quatre frans pièce, l'aune, et en l'aultre sont figurez *les douze mois* de l'an, qui est faicte d'or, d'argent et de soie, contenant en douze pièces cinq cens quatre vingtz trois aulnes, dicte mesure, à raison de unze escus l'aune, à mesme pris que dessus, plus ung ders faict d'or et de soie avec les sixpentes contenans quarante neuf aulnes trois quars... » Le surplus de la somme, c'est-à-dire 3,895 fr., est pour l'intérêt à 10 0/0 depuis la Toussaint 1574 jusqu'à Noël 1575. (Compte de 1574-1575. B. 1166, f° 319.)

Le compte de l'année 1576-1577 (B. 1175, f° 309) fait mention d'une somme de 6567 fr. 10 gr. 10 d. délivrée à Henry Vool, frère de Gérard, pour paiement de certaines tapisseries et pièces de toiles.

Doit servir à la deuxieme tendue du lict d'alerions.

75. Sept pièces de tapisseries où est l'histoire de St Paul, faictes de soye fine rehaussée d'or et d'argent à un bord larges de cornes d'abondance plaines de fruictages tenues par petitz anfans (1).

76. Neuf pièces de tapisseries où est l'histoire d'Alexandre le Grand, les figures rehaussées d'un peu d'or, d'argent et de soye, avec plusieurs fruictages (2).

77. Dix pièces de tapisserie de haulte lisse de l'histoire d'Abraham, rehaussées de soye à larges bordures, au chacune desquelles pièces sont deux escussons aux armoiries de Monseigneur le cardinal de Lorraine (3).

78. Neuf pièces de tapiceries de haulte lisse des actz des Apostres, rehaussées de soye à larges bordures.

79. Neuf pièces tapisseries de haulte lisse rehaussées de soye, de jardinages et paysages, la bordure de potz de fleurs de mesme estoffe, au fond de soye jaulne.

80. Huict pièces tapisseries de haulte lisse, rehaussées de soye, de bocages et toutes sortes de chasses, la bordure large de fruictages et figures, au fond jaulne.

81. Cinq tendues de tapisseries de haulte lisse restans

(1) Il est probable que cette suite est celle dont quatre pièces encore subsistent dans le garde-meuble de Vienne ; ces tapisseries du xvie siècle ne portent pas de marque de fabrique, mais sur l'une d'entre elles se trouve un monogramme de tapissier composé d'un S entrelacé avec une croix. (*Jahrbuch...*, t. I, n° III, p. 217, 218. — Voir aussi E. Müntz, *op. cit.*, p. 5.)

(2) Voir plus haut, n° 16.

(3) L'histoire d'Abraham en dix tapisseries se trouve au garde-meuble de Vienne (*Jahrbuch...*, t. I, p. 216-217, n° II). Ces tapisseries de Bruxelles portent en effet les armoiries du cardinal Charles de Lorraine-Vaudémont († 30 octobre 1587) ; elles sont photogravées dans le tome III du *Jahrbuch*.

des six tendues que le s^r Barnet a heu charge d'achepter au Pays Bas , en l'an 1598 (*).

82. Six pièces de tapiceries de haulte lisse restans des 6 tendues de haulteur en bocquages provenantes du s^r de Pullioy (**).

83. Seize autres pièces de tapiceries de haulte lisse de trois aulnes et demy de haulteur en boccages, jardinages et chasses, pour deux tendues, venantes de Monsieur le bailly de St Mihiel (1) et (***).

(*) Au Sr Loys Bernet (Barnet), secrétaire à Son Alteze..., la somme de seize mils quatre cens vingt sept frans sept gros cinq deniers pour restitution de semblable somme qu'il a délivré à François Swertz, tapissier, demeurant à Anvers, pour l'achat de six tendues de tapisseries que, de l'ordonnance de Son Alteze, il at achapté pour le service d'icelle, ramennées et délivrées ès mains de Magdelaine Rougerin garde des moeubles du chasteau de Nancy...

» Audict Bernet la somme de neuf cens septante quatre frans trois gros que, du commandement exprès de S. A., il at délivré à Jean d'Allouette, tapissier (demeurant à Nancy), pour achapter des estophes de soye et de laine pour faire par deçà une tapisserie pour le service d'icelle... » (Compte de 1598, B. 1255, f° 371 v°.)

(**) Le nom et la qualité de ce personnage sont indiqués dans la mention suivante, du compte de 1599 (B. 1257, f° 366 v°) : « Au Sr Nicolas de Pullenoy, conseiller et secrétaire à Son Alteze, la somme de quatorze cens soixante cinq frans six gros pour deux tendues de tapisserie que Sadicte Alteze a faict prendre et achapter de luy, à servir d'ammeublement au chasteau de Bar, ... contenantes lesdictes tendues, l'une de six pièces, de trois aulnes de Paris de haulteur, façon de haulte lice et figures de boccages et petits personnages, et l'autre tendue estante d'une pièce de tapisserie de Bergame, en longueur vingt quatre aulnes et demy de Paris, et de trois aulnes de hauteur... »

(1) Bibliothèque nationale, collection de Lorraine, n° 463, fol. 31 (Inventaire de 1606) et fol. 53 (Inventaire de 1575). Les articles 81, 82 et 83 ne figurent, bien entendu, que dans l'inventaire de 1606.

(***) La mention suivante, du compte de 1601 (B. 1265,

VI

17 mai 1575 et 22 janvier 1606.

84. Un daiz de tapisserie de haulte lisse à la queue duquel
est une arche faicte en prospective, où est l'histoire de Diz
et de Proserpine, le tout fait de soye fine rehaussée d'or et
d'argent au champ d'or, et au fond du dit daiz est un grand
rond en prospective avec plusieurs colonnes, le champ rem-
ply d'une grotesque de mesme estoffe que dessus, au champ
d'or, avec six pentes de grotesque, mesme ouvrage, les trois
du dedans aux franges de soye bleue et crespines d'or, et les
trois du dehors frangées de houppes de soye bleue, couvertes
de crespines nouées d'or (1).

f° 309 v°), indique le prix et la provenance de ces tapisseries : « A Monsieur de Lenoncourt, conseiller d'Estat et
bailly de Sainct Mihiel, la somme de trois mils huict cens
trente cinq frans sept gros deux deniers pour seize pièces de
tapisseries hautes lisses, façon de Bruxelles, de trois aulnes
et demy de Paris de haulteur, histoire à petitz personnages,
boccages, jardinages et chasses, que, dès le mois de décembre
1600, S. A. at prins et achapté de luy pour servir à l'amœu-
blement de son hostel. »

(1) Bibliothèque nationale, collection de Lorraine, n° 463,
fol. 27 et 53. Ce dais est encore à Vienne (*Jahrbuch...*, t. II,
p. 168, n° XLV) ; il est reproduit dans le tome III du *Jahrbuch*. M. von Birk le considère comme une tapisserie italienne. La pièce principale, le fond du dais, mesure 4ᵐ 19
de hauteur sur 2ᵐ 61 de largeur. Sur un riche soubassement,
orné de grotesques et de mascarons, se dressent deux colonnes
corinthiennes, le tout figuré en perspective de façon à pro-
duire l'illusion d'un véritable dais d'architecture. Sous l'arc
qui occupe le centre sont assis Pluton et Proserpine ; les
angles sont occupés par quatre médaillons représentant les
saisons ; la date de l'exécution de cette belle tenture est tra-
cée dans les deux angles supérieurs dans lesquels on lit :

M. Darcel termine ainsi l'intéressante communication qu'il a faite au Comité des travaux historiques :

« Si nous nous attachons plus spécialement aux tapisseries nancéiennes, aujourd'hui conservées à Vienne, nous devons dire que la magnifique tenture de *Moïse*, bien qu'elle porte dans sa bordure les armes et dans sa lisière la croix blanche de Lorraine, nous paraît fabriquée en Flandre par des artistes flamands...

» Il n'en est pas de même de la tenture des victoires de Charles V de Lorraine qui décorent une des grandes salles du Palais impérial. Sur l'une, qui représente la

ANNO 1566; dans deux cartouches on lit l'inscription suivante :

SEX CVM CHARA HABITAT MENSES PROSERPINA MATRE
SEX CVM DILECTO CONIVGE DITE MANET.

Le plafond du dais et ses bordures ornées de franges sont de la même fabrique que le fond.

« L'inventaire de 1575 mentionne (n° 84) un magnifique dais de tapisserie qui est la plus belle et la plus riche tapisserie du xvi⁰ siècle que nous connaissions. L'auteur du catalogue illustré des tapisseries de Vienne l'attribue à une fabrique italienne, bien à tort assurément. Nous avons découvert, en effet, dans la lisière de la queue de ce dais, la marque si connue de Bruxelles, qui était cachée sous un galon rapporté. La date de 1566, inscrite dans un cartouche, rend encore plus précieuse, au point de vue de l'histoire de la tapisserie, cette œuvre, qui a dû être exécutée d'après un peintre flamand, tout imprégné de la Renaissance italienne, mais laissant percer son origine sous le naturalisme ou la vulgarité de quelques scènes spécifiant les saisons. Ce dais n'est donc italien que par l'influence générale exercée par la péninsule au nord des Alpes pendant le xvi⁰ siècle. » (M. A. Darcel.)

délivrance de Vienne par Sobiesky, nous avons relevé cette double mention : à gauche , par où l'on a commencé : *fait à la Malgrange, 1724*, et à droite, par où l'on a terminé : *fait à la Malgrange, 1725*. Or, la croix de Lorraine se trouve sur la lisière d'une des pièces en magasin qui porte en outre la marque C. M. E., qui est celle du tapissier Charles Mitté, et la date : *Nancy, 1705*. On sait de qui sont les cartons de ces tapisseries, lesquelles sont d'un style quelque peu banal. C'est peut-être pour ce motif que leur reproduction a été négligée dans le catalogue illustré publié par ordre de l'empereur. Plusieurs des pièces de cette tenture, exécutées sous le duc Léopold, qui avait épousé la sœur du régent, portent les armes de Lorraine et d'Orléans. Enfin, la fleur de lis de France et les croix de Lorraine alternent sur les miroirs qui composent la bordure.

» Une troisième tenture, qui n'a pas encore été publiée dans l'inventaire, nous ne savons trop pourquoi, car plusieurs pièces d'un médiocre intérêt y ont pris place à son détriment, est composée de portières aux armes de Lorraine et d'Orléans. Elles sont signées : *F. Josse Bacor, 1719*, ou *A. F. J. Bacor S. M.* (*), et appartiennent au plus bel art ornemental français des commencements du xviiie siècle.

» On y reconnaît l'art que Claude Audran a inauguré

(*) Ce monogramme est celui de Sigisbert Mengin, ou Mangin, associé à François Durand pour l'exploitation de la manufacture des tapisseries de Nancy, créée en 1699.

Le compte de la dépense de l'hôtel pour l'année 1725 (B. 1676, no 272) porte une somme de 3250 livres « au Sr Mengin tapissier, pour une pièce de tapisserie de basse lisse représentant la *Chasse du cerf* ».

dans les portières des *Eléments* et des *Saisons ;* les figures y sont remplacées par des armoiries ; mais si les détails de l'ornementation diffèrent, le principe est le même.

» On voit, par le nombre et par la qualité des tentures sorties des ateliers de Nancy, quelle en était l'importance et l'on ne peut que s'étonner qu'on en ait si longtemps ignoré l'existence. »

II

A compter de la fin du xv⁰ siècle, époque à laquelle remontent nos plus anciens documents, on voit des tapissiers attachés à la maison des ducs. En 1480, c'est un nommé Etienne Savoye, auquel il est assigné une pension de six resaux de blé sur le cellerier de Nancy ; il est qualifié « garde de la tappisserie de Monseigneur le duc » (1). — Il est remplacé, en 1492, par « Jaiquemart de Tries, tapissier du Roy », qui touche la même pension « pour cause de tendre et mectre à point et nectoyer la tapisserie du Roy » (2). — Vient ensuite David Regnauldin, ou Renauldin, « tapissier et brodeur de Monseigneur », dont la pension est portée à douze resaux (3).

Son nom se rencontre, depuis 1515 (4) dans chacun des comptes des trésoriers généraux de Lorraine, les-

(1) B. 7553.
(2) B. 7562, f⁰ 134 v⁰.
(3) B. 7598.
(4) B. 1021.

quels renferment, à dater de 1529, un chapitre intitulé :
« Parties de tapissiers et brodeurs ». Avec Regnauldin
figure, cette année, Fiacre, qualifié aussi « tapissier de
Monseigneur ».

En 1559 (1), ce titre est donné à Jean Chapperon,
probablement originaire de Paris, et qui semble avoir
été plus qu'un simple ouvrier. En 1566 et 1567, diverses
sommes sont payées à Jean du Bois, marchand tapissier à Paris, procureur des héritiers de feu Jean Chapperon, pour « certaines parties » et pour « parties de
tapisseries » que celui-ci avait *faictes* et fournies pour
le service de Monseigneur en 1560, 1562 et 1563 » (2).

Le compte de l'année 1565-1566 mentionne, au chapitre des « Valetz de chambre et de garderobbe et
aultres de la suitte de la chambre », Jean Rogerin, ou
plutôt Rougerin, « tapissier de la chambre de Monseigneur », et Louis Rogerin, « tapissier du chasteau de
Nancy », chacun aux gages de 60 fr. ; — et au chapitre
des « Parties de brodeurs et tapissiers », le même Jean
Rogerin, et Frantz, « tapissier de Son Alteze » (3), à
propos de la fameuse tapisserie de *l'histoire de Moïse*.

Jean Rougerin paraît n'avoir été qu'un tapissier : mais il n'en est pas de même de Louis, à en juger
par la mention suivante du compte de l'année 1572-
1573 (4) : « A Loys Rogerin, tapissier de Monseigneur,
la somme de cinq cens frans que mondict seigneur a
heu ordonné luy estre délivrez pour subvenir à l'entre-

---

(1) B. 1122, f° 87.
(2) B. 1143, f° 243 v°, et B. 1148, f° 259.
(3) B. 1143, f° 111 et 264.
(4) B. 1161, f° 322.

tenement des compagnons tappissiers qui lors travailloient avec luy pour le service de mondict seigneur ».

L'année suivante, il lui fut délivré la somme de 1452 francs 1 gr. « pour reste et parpaye de plusieurs parties de son *art*, icelles montantes à 1952 fr. 1 gr. », sur lesquels il avait reçu 500 fr. (1).

De 1568 à 1574, un autre tapissier, Philippe Macquet, est surtout chargé de » racoustrer » ou « rabiller » la tapisserie « de la maison de Monseigneur » (2).

Vient ensuite un nommé Jean Allonnette, Lallonet ou Dallouette, tapissier, demeurant à Nancy, qui travaille avec son « guerson », pendant 355 jours de l'année 1582, aux tapisseries de Son Altesse (3).

En 1598, Christophe Milson est « tapissier de la chambre de Son Altesse » (4), et on le voit, en 1603 et 1605, toucher différentes sommes « pour façon et besogne de son art » ou « pour parties de fournitures et façons de son art » (5).

En terminant ce qui concerne la période du xvie siècle et le commencement du xviie, il convient de mentionner une fabrique de tapisseries d'un genre particulier, qui existait près de Nancy, et dont les produits vinrent en-

(1) B. 1164, f° 347.

(2) B. 1152, 1156, 1158, 1160, 1164. — Il y avait à Saint-Dié, en 1602, deux individus, Adam Raillart et Jean Trottet, qui faisaient le métier de « renouvelleurs et ralumineurs de vieilles tapisseries ». Il leur fut payé, cette année, 300 fr., à compte de 524, « pour besogne, façon et fourniture de leur état » qu'ils avaient faites pour l'hôtel. (B. 1268, f° 402 v°.)

(3) 1192, f° 348.

(4) B. 1255, f° 370.

(5) B. 1274, f° 270, et B. 1285, f° 270.

richir le garde-meuble ducal. On lit dans le compte de l'année 1599 (1) : « A Jean Ragage, tapissier, demeurant à Sainct Nicolas, la somme de huict cens trente six frans que luy restoient dheus pour une tendue de tapisserie en dix pièces de cuir argenté, façonné de bleu, qu'il a vendu à Son Alteze et délivré à la garde de ses moeubles (2)... »

Et dans le compte de 1607 (3) : « A Jean Ragache, tapissier de cuyr doré,... la somme de neuf centz quinze frans deux gros pour une tapisserie de cuir doré, garnie de toile, qu'il a faicte, fournie et délivrée pour le service de Son Alteze... »

Le 7 octobre 1613, Pierre Fouccault fut nommé « tapissier de la chambre et du cabinet », à la requête de René, son père « tapissier et contrepointeur de l'hôtel » depuis seize ans (4). Ce dernier, qui était natif de Paris, avait été reçu bourgeois de Nancy en 1597, c'est-à-dire depuis l'époque où il exerçait son office. Il figure encore en 1614, parmi les « artisans de l'hôtel », comme tapissier et « contrepoinctier », aux gages de 100 fr. par an (5).

Christophe Milson continue, en même temps, à remplir ses fonctions, pour lesquelles il touchait encore un traitement de 60 fr. en 1633.

(1) B. 1257, f° 367.

(2) Madeleine Rougerin, « garde des meubles du Rond de l'hostel », à laquelle il fut délivré, en 1603, 104 fr. « pour façon qu'elle a faicte à la garniture de trente cinq pièces de tapisseries dudit hostel ». (B. 1274, f° 270.)

(3) B. 1300, f° 275.

(4) B. 1356.

(5) B. 1355.

Ainsi qu'on vient de le voir, parmi ces tapissiers, les uns étaient de simples ouvriers chargés d'entretenir les meubles de l'hôtel et d'en fournir de nouveaux au besoin ; les autres, tout en remplissant cet office, étaient encore ou des restaurateurs ou des fabricants de tapisseries, dont les ateliers se trouvaient dans les dépendances du Palais ducal.

Le plan de cet édifice, tel qu'il existait en 1698, joint aux *Essais sur la ville de Nancy*, par Lionnois, indique, sous le n° 35, la MANUFACTURE DES TAPISSERIES DE LA COURONNE. Le même bâtiment est figuré sur la planche de Claude Deruet représentant le Palais du temps de Charles IV ; il se trouvait à l'extrémité nord de ce qu'on appelait le Parterre (aujourd'hui jardin du Gouvernement), du côté de la Carrière ou rue Neuve.

III

A partir du règne de Léopold, les documents deviennent plus nombreux et plus explicites qu'auparavant. Voulant, sans doute, faire choix d'un artiste qui fût en état d'exécuter les projets qu'il avait conçus, ce prince appela aux fonctions de tapissier de l'hôtel le sieur Charles Mité (1), qui s'était probablement fait connaître par des ouvrages remarquables. Le brevet qui lui fut délivré témoigne de l'importance qu'on attachait à son office.

« Aujourd'huy quatrième aoust 1698, S. A. S. estant à Lunéville et ayant égard à la très humble supplication qui luy a esté faite de la part de Charles Mité,

(1) Et non *Mitté*, comme on l'a toujours écrit.

demeurant à Nancy, à ce qu'il luy plût le retenir pour
tapissier de son hostel, le gratiffier des advantages et
privilèges qui sont attribuez à ceux de semblable estat,
et de luy en faire expédier ses lettres sur ce nécessaires,
Sadite Altesse estant bien informée des sens, fidélité,
suffisance, expérience au fait des tapisseries et de
l'affection à son service dudit Mité, a iceluy retenu et
estably pour tapissier de son hostel pour en faire les
fonctions ordinaires fidellement, ordonnant, par cestes,
qu'il jouira de tous les droits, privilèges, prérogatives,
franchises et exemptions qui y sont attachez, tels et
semblables dont ceux de pareille retenue ont jouy, pû et
deu jouir de droit à cause d'icelle, et des gages, profits
et émolumens qui seront cy après par elle réglez sur
l'estat général de sa maison. Mande et ordonne Sadite
Altesse au S^r marquis de Lamberty, bailli dudit Nancy,
aux président et gens de la chambre du Conseil et po-
lice de ladite ville et à tous autres ses officiers, hommes
et sujets qu'il appartiendra, que de l'effet des présentes
ils fassent et laissent jouir ledit Charles Mité plainement
et paisiblement, sans y mettre ny permettre y estre mis
aucun trouble ou empeschement au contraire. Car tel
est son plaisir. En foy de quoy Sadite Altesse a le présent brevet, signé de sa main, fait contresigner par l'un
de ses conseillers secrétaires d'Estat, commandemens
et finances, et apposer son scel secret. Donné à Lunéville, les an et jour susdits. Signé : Léopold, et plus
bas : Mahuet, et cacheté en placart du scel secret de
Sadite Altesse.

» Et sur le replis est escrit : Cejourd'huy 5e aoust
1698, Charles Mité, dénommé au présent brevet, a
presté serment entre les mains de S. E. M^r le mareschal

comte de Carlinford, grand maistre de l'hostel de S. A. S., etc., de faire fidèlement les fonctions de tapissier de l'hostel de Sadite Altesse, en laquelle qualité il luy a plu le retenir. Ce que je soubsigné, conseiller secrétaire d'Estat, des commandemens et finances, présent à ladite prestation de serment, certifie véritable. A Lunéville, les an et jour cy dessus. Signé : Mahuet. »

Le brevet fut entériné à la Chambre des Comptes, après toutes les formalités d'usage, le 30 juin 1699 (1).

Les gages de Mité n'étaient pas très élevés, puisqu'il ne touchait que 45 livres par quartier, soit 180 livres par an, mais il avait en outre un logement au Palais et des « profits » qui devaient former une somme assez ronde. Ils consistaient dans le paiement des ouvrages qu'il exécutait comme tapissier (fourniture, réparation ou entretien de meubles), et surtout comme restaurateur et fabricant de tapisseries.

Son premier travail connu est indiqué dans le compte du receveur de Nancy (2), qui lui délivra, en 1700, la somme de 280 fr. « pour avoir dégraissé, remis en couleur et raccommodé les trous d'une tenture de tapisserie de sept pièces de Flandre, qui est actuellement en la Chambre du Conseil de ville » (3).

Les autres mentions qui le concernent se trouvent dans les comptes du trésorier de l'hôtel de Léopold. Il lui est payé, en 1703, 1944 livres « pour cent huict pieds

(1) B. 189, n° 183.

(2) Archives de Nancy, CC. 272.

(3) Il s'agit très vraisemblablement de la tapisserie communément appelée la « tente de Charles-le-Téméraire », qui, de l'ancien Hôtel de ville, fut transférée au Palais-de-Justice, d'où elle est venue au Musée lorrain en 1861.

de tapisserie qu'il a fait et réfectionné à la pièce de *l'Adoration du veau d'or* » ; — en 1704, 2511 livres « pour trente neuf pieds et demy d'ouvrage qu'il a fait à une des riches tapisseries » ; — en 1705, 1296 livres pour travail qu'il a fait aux riches tapisseries de la pièce représentant *le Serpent d'airain* » (1).

Ces *riches* tapisseries étaient celles de *l'histoire de Moïse*, témoin les deux épisodes de la vie du prophète, dont il vient d'être parlé.

A dater de 1710, Mité fut chargé de travaux plus importants, dont le détail se trouve dans une série de documents que je vais reproduire suivant l'ordre des dates.

« De par Son Altesse Royale

» Il est ordonné à Mᶜ Jean Gayet, receveur général de nos finances, de payer à Charles Mitté, tapissier ordinaire de nostre hostel et l'un de nos valets de chambre (2), demeurant à Nancy, la somme de cinq mils huit cents soixante six livres unze sols trois deniers,

(1) B. 1563, 1566 et 1572. — En 1732, une somme de 225 livres est payée « aux Poix », tapissiers, pour raccommodage d'une pièce représentant « *Moyse au mont Sinay* ».

(2) Mité ajoute à ces qualifications celle de « garde meubles de S. A. R. » dans la requête par laquelle il demande, en 1710, l'acensement d'un terrain entre les portes Saint-Georges et Notre-Dame pour y planter de « la gaude (guède ou pastel) et autres herbes propres aux couleurs des teintures et soyes pour les tapisseries de S. A. » (B. 11045, nᵒ 42.)

La même qualification lui est donnée dans l'acte de mariage (15 juillet 1709) de sa fille Anne, âgée de 16 ans, avec Francesco Bibiena, originaire de Bologne, âgé de 40 ans,

qui luy reste deuë des vingt deux mils cinq cents soixante six livres unze sols trois deniers, à quoy monte le prix des trois tapisseries de haute lisse qu'il a faittes par nos ordres et pour nostre service, suivant les trois partyes controllées et vérifiées les 27 décembre 1709, 10 avril 1710, et le 12 dudit mois, cy jointes, le surplus de laditte somme luy ayant été payé, sçavoir 900 livres le 6 décembre 1705, 6000 le 27 janvier 1707, 600 livres le 14 septembre 1708, 400 livres le 11 mars 1710, 800 livres le 22 dudit mois, 4000 livres le 12 avril 1710, et 4000 livres le 11 juin de laditte année, en exécution de nos ordonnances... Car ainsy nous plaît. Donné à Lunéville le quinziesme juillet mil sept cents dix.

» Léopold. »

Suit la quittance de C. *Mité*, datée du 1er août.

A ce mandement sont jointes « les trois partyes » vérifiées par M. Magnien, contrôleur de l'hôtel, et la pièce suivante, qui en donne le résumé :

« Etat de ce qui est dù au Sr Charles Mitté, tapissier ordinaire de S. A. R., pour les trois tapisseries qu'il a faittes par ses ordres et pour son service, sçavoir :

» Pour la tapisserie faitte sur le tableau de Du Rup (1) peintre, représentant le Siège de Bude, con-

premier intendant des bâtiments de S. M. I. Ce fut lui qui donna le dessin et dirigea la construction de la salle d'Opéra que fit construire Léopold (1707-1709) dans les dépendances du Palais ducal.

(1) « Du feu paintre du Rup », porte le mémoire. Il était peintre du Roi.

Les premiers tableaux des Victoires de Charles V avaient été peints par Charles Herbel, héraut d'armes de Lorraine, auquel il fut délivré en paiement, au mois d'août 1701, une

tient 19 aulnes 5/16 (1) à 325 livres l'aulne, délivrée par ledit Mitté au Bureau de l'hostel le 27 décembre 1709, suivant le mémoire controllé et vérifié le 11 février 1710... .... 6276ᴸ 11ˢ 3ᵈ

» Pour celle que ledit Mitté a délivrée audit Bureau le 10 avril 1710, représentant les conquestes de Charles Cinq, et contenant 34 aunes en cinq pièces travaillées en or et en soye, à raison de 260 livres l'aulne, suivant le mémoire controllé et vérifié le 12 dudit mois d'avril.................. ...... 8840ᴸ

» Et pour celle qu'il a fournye audit Bureau ledit jour 10ᵉ avril 1710, représentant les 12 mois de l'année, en six pièces contenantes ensemble 49 aulnes 2/3, à fond de soye blanche, sur le pied de 150 livres l'aulne, suivant le mémoire controllé et vérifié ledit jour..... 7450ᴸ

} 22566ᴸ 11ˢ 3ᴸ

» Sur quoy il a reçu................. 8700

« Partant reste dû audit Mitté, le 12 avril 1710, treize mils huit cents soixante six livres 11ˢ 3ᵈ, cy.................... 13866ᴸ 11ˢ 3ᵈ

somme de 4,000 livres (B. 1551). Léopold fit exécuter ces tableaux en tapisseries qui décoraient les appartements du château de Lunéville, où elles furent détruites dans l'incendie de 1719.

(1) « Elle se trouve en longueur, dit le mémoire, cinq aunes quinzes seiziesmes de Paris sur trois aunes et un quar de hauteur, faisant dix neuf aunes cinq seiziesme en quaré ».

A la suite de l'« Etat » est un mandement de Léopold, du 12 avril, ordonnant au receveur général de payer à Mité la somme de 4,000 livres, ce qui réduisait sa créance à 9,866 livres 11 s. 3 d. Sa quittance est datée du 14 de ce mois.

Le 11 juin suivant, un autre à compte de 4,000 livres fut versé entre les mains de sa femme, dont le reçu est signé : « Louis Hanry famme à Mitté ».

Les deux derniers mémoires, dont le second porte la date du 10 avril (et non du 12), contiennent quelques détails intéressants ; le premier est ainsi conçu :

« Mémoire de la tapisserie que le sieur Mité tapisier de S. A. R. a faicte pour le cabinet de Saditte Altesse Royal, contenante cinq pieces, representant les Conquettes de Charles Cinq, faicts en or de Paris et soye delivrée au Bureau de l'hostel le 10ᵉ avril 1710.

» 1ʳᵉ... 1 pieces representant Bude contenante en longueur 1 aune 1/4 aune............. 1 au. 1/4

» 2ᵉ... 1 p. representant le Sacagement de Bude contenante..................... 3 » 1/2

» 3ᵉ... 1 p. representant la Bataille de Mohates contenante.................... 2 « »

» 4ᵒ... 1 p. representant la Transsilvanie contenante........................ 2 » 3/4

» 5ᵉ... 1 p. representant le triomphe de Charle Cinq contenant.............. 3 » 1/3

5 pieces contenante en longueur....... 12 au. 5/6
» Sur deux aunes deux tierres, cy..... 2 — 2/3

34 au. 0

Le second mémoire porte :

« Mémoire de la tapisserie... apellée les *Crotesques*

du Raphael (1) contenante six pieces a font de soye blanche...

» 1 p. apellé les moys de janvier et febvrier contenante 3. 3/4 de longueur sur 2. 2/3 de hauteur faisant.·......................... 3 » 3/4 aunes

» 2...... mars et avril contenante de longueur........	3 »	»	
». 3...... may et juin contenant..	1· »	3/4	»
» 4...... juillet et aoust........	3 »	1/2	
» 5...... septembre et octobre..	3 »	»	
» 6...... novembre et decembre.	4 »	»	

» 6 pieces contenante en longueures................. aunes. 18 au. 2/3
sur deux aunes deux thierres de hauteure................. 2 » 2/3

49 au. 2/3 (2)

—

« Depar Son Altesse Royale

» Il est ordonné à Mᵉ Dominique Anthoine, receveur général de nos finances, de payer à Charles Mitté, l'un de nos valets de chambre et nostre tapissier ordinaire, la somme de trois mils livres à compte des tapisseries qu'il a faittes par nos ordres sur les tableaux de Martin et Guyon, peintres des victoires remportées sur les Turcs par S. A. S. Charle Cinq, nostre très aimé et très honoré père... Car ainsy nous plaît. Donné à Lunéville le vingt cinq avril mil sept cent treize.

» Léopold. »

(1) C'est la tapisserie des *douze mois*.
(2) B. 1594.

« J'ay receu de Mr Anthoine Tresorier de S. A. R. la somme de trois milles livres portée au present mandement fait à Nancy le 28me advril 1713.

» C. Mité. »

—

« Depar Son Altesse Royale
» Il est ordonné ... de payer à Charles Mitté, notre tapissier, la somme de trois mille livres à compte des tapisseries qu'il fait, représentant les victoires de Charles Cinq ... Donné à Lunéville le septième juin 1713. »
Suit la quittannce, datée du 1er juillet suivant.

—

« Depar Son Altesse Royale
» Il est ordonné ... de payer à Charles Mitté ... la somme de deux mille cinq cent sept livres seize sols trois deniers pour l'entier et parfait payement de celle de 26507 livres 16^s 3^d qui luy estoient dus pour les trois pièces de tapisseries qu'il a faites par nos ordres sur les tableaux des Srs Martin et Guyon, peintres, sçavoir la Levée du Siège de Viennes, la Réduction de la Transilvanie et les Siège et Bataille de Barcan, suivant le mémoire d'autre part ...; le surplus de ladite somme luy ayant esté payé en conséquence de nos ordonnances des [7 octobre] 1710 et 31 octobre de laditte année, 10 febvrier, 12 juin, 15 octobre et 6 décembre 1711, 20 avril, 8 juillet, 28 septembre et .... décembre 1712, 25 avril et 7 juin 1713 (1)... Donné à Lunéville le dixsept aoust mil sept cent treize. »

(1) Ces deux dernières ci-dessus.

Suit la quittance, datée (de Nancy, comme les précédentes) du 13 novembre 1713, et le mémoire mentionné plus haut.

« Memoire de la livraison de trois pieces de tapisseries, de S. A. R. faicte par le sieur Mité, representant listoire de feu Charles Cinq de glorieuse memoire, sur les tableaux des Srs Martin, et Guion, paintres veus et livré par le soubsigné Magnien premier controleur de lhostel et maison de Saditte Altesse Royal ce jourd'huy 16e mars 1713.

» La pieces representant la Levée du siege de Vienne contient 5 aunes 15/16 aunes de longueur sur 3 aunes 7/8 aunes de hauteur faisant sans bordure................................... 22 7/8)

Deux bordures livré cy devant de..... 5 au.)

27 a. 7/8 a.

» A trois cents vingts cinq livres laune en quaré faisant la somme...................... 9059^l 7 6

» La pieces representant la Reduction de la Transilvanie contient pareille longueur et hauteur 27 aunes 7/8 aunes... 9059 7 6

» La pieces representant le Siege et la Bataille de Barcan contient en longueur avec les bordures y attachés 6 2/3 de longueur sur 3 7/8 aunes de hauteur faisant 25 aunes 13/16 daunes a 325 livres laune caré cy...................... 8389 1 3

26507^l 16 3

» Somme total à quoy se monte les trois pieces de tapisseries d'autre part a la somme de vingts six milz et cinq cents sept livres seizes solz trois deniers bien veu examiné controlé et reglé à la ditte somme sauf a deduire les payemant faict a Nancy au Bureau de l'hostel ce 16ᵉ mars 1713 (1).

» C. Magnien (2). »

—

« Depar Son Altesse Royale
» Il est ordonné à Mᵉ Dominique Anthoine... de payer à Charles Mitté, notre tapissier, la somme de quatorze mil nonante six livres dix sept sols six deniers pour le prix des deux tapisseries des victoires de feue S. A. S. Charles 5,... représentantes Strigonie et le passage du Danube, conformément à l'état d'autre part... Donné à Lunéville le vingt septième juillet mil sept cent dix sept.

» Léopold. »

Suit le reçu de Mité, daté de Nancy, le 7 octobre.
« Estat de la livraison faite par le soubsigné des deux pieces de tapisserie de lhistoire de Charles Cinq faictes par le Sʳ Mité tapissier de S. A. R. sur les tableaux des Sʳˢ Martin et Guion paintre Le 17ᵉ mars 1717.

(1) Ces ouvrages furent sans doute exécutés au Palais ducal. L'accusé de réception, par Mité, des deux tableaux de Martin et Guyon représentant la Bataille de Mohatz et la Victoire remportée sur les Turcs qui venaient renforcer l'armée assiégeant Vienne, est ainsi conçu : « Je certifie avoire receu les deux tableaux mentioné cy desus faits par les sieurs Martin et Guyon, par ordre de Monsieur le baron de Mahuet, pour le service de leurs A. R. pour estre exécuté en tapisserie de haute lisse fait *au chateau de la Cour* ce 19ᵉᵐᵉ decembre mil sept cens quatorze ». (B. 1616.)
(2) B. 1609.

» La piece represantant le passage du Danube contenante cinq aunes cinq huictiemes de longueur sur trois
aunes sepis huictiemes de hauteur faisant vingtes et
une aunes sept huictiemes de Paris en quaré a raison
de trois cents vingtes cinq livres launes

cy...................................   7109^1 7 » 6

» La piece represantant Strigonie
contenante cinq aunes trois huictiemes
de longueur sur trois aunes sept huictiemes de hauteur faisant vingtes et
une aunes et demis en quaré a raison
de trois cents vingtes cinq livres launes

de Paris cy........................   6987 »   10 »
                                     _____
                                     14096^1 17 « 6

» Somme total montes a la somme de quatorzes milz
quatres vingts seizes livres dix sept solz six deniers
suyvant le traité fait A Nancy ce 17e mars 1717.

» C. Magnien »

—

» Depar Son Altesse Royale
» Il est ordonné à Me Dominique Anthoine ... de
payer à Charles Mitté ... la somme de quatorze mil deux
cent dix huit livres quinze sols pour le prix de deux
tapisseries des victoires de feue S. A. S. Charles 5,...
représentantes le retranchement de Mahatte et le passage du pont d'Esseque, conformément à l'état d'autre
part ... Donné à Lunéville le vingt sept juillet mil sept
cent dix sept.

» Léopold. »

Suit le reçu, daté de Nancy, le 7 octobre.

« Estat de la livraison ... des deux pieces de tapisserie de listoire de Charle Cinq faites par le sieur Mité ... sur les tableaux des S⁻ˢ Martin et Guion paintre, le 19ᵉ janvier 1717.

» La pieces des retranchemant de Mahatte, contenant cinq aunes trois huitiemes de Paris, sur trois aunes sept huitiemes de hauteur, faisant vingtes aunes et demis en quaré a raison de trois cents vingtes cinq livres laune comme celle cy devant reglé faisant la somme de........................   6662ˡ 10 »

» La pieces du passage du pont Desseque contenante six aunes de longueur sur trois aunes sept huitiemes de hauteur faisant vingt-trois aunes un quar a 325 livres laune cy................ ......   7556 » 5 »

                                                         ————————
                                                         14218ˡ 15 s.

» Totalle quatorze milz deux cents dix huicts livres quinze sols veu livré calculé et aresté a laditte somme suyvant le traité, faict à Nancy au Bureau ce 14ᵉ janvir 1717.

                                   » C. Magnien (1). »

                                   —

« Depar Son Altesse Royale

» Il est ordonné au Sʳ Louis de Barbarat, conseiller entrant en nostre Conseil d'Estat et thrézorier général de nos finances en exercice, de payer à Charles Mitté, nostre valet de chambre et tapissier en haute lisse, la somme de vingt trois mil quatre cent quarante livres

(1) B. 1626.

douze sols six deniers pour le prix des tapisseries énon-
cées au mémoire cy joint... Donné à Nancy le neu-
viesme mars mil sept vingt.

» Léopold. »

Le reçu, signé : « Louies Henry Mité » , est daté du
6 août.

Suit le mémoire :

« Estats de la livraison faitte par le soubsigné Magnien nommé pour ce faire, avec feu Monsieur le baron
de Mahuet, de touttes lhistoire en tapisserie de feue
Charles Cinq, dheureuse memoire, et des trois pieces
restantes de dixhuit piece qui compossent laditte histoire, faitte par le Sr Mitté tappissier de S. A. R. sur
les tableaux des Srs Martin et Guion peintres. Le 28^e
octobre mil sept cent dix huit,

» Scavoir

» La pieces representant la Deffaitte du secour de
Bude, contenante six aulne trois quart et demy de longeur, sur trois aulne trois quart et demy de hauteurs,
faisant vingt six aulne et demy, et demy quart aulne de
Paris en quarré a raison de trois cent vingt cinq livres
l'aulne de Paris en quaré faissant la somme de huit
mils six cent cinquante trois livres deux sols six deniers cy.......................... 8653^l 2. 6.

» La piece representant le Leopols-
tadt contenant cinq aulne trois quart et
demy de longeurs, sur trois aulne trois
quart et demy de hauteur, faisant vingt
deux aulne trois quart a raison de 325
livres comme cy devant l'aulne en quaré

A reporter. . . . 8653^l 2. 6.

Report. . . . 8653^l 2. 6.

faisant la somme de sept mils trois cent
quatre vingt treise livres quinze sols cy.   7393^l 15^s

» La piece representant la prisse de
Vaccia contenant cinq aulne trois quart
et demy de longeur sur trois aulne trois
quart et demy de hauteur faisant vingt
deux aulne trois quart, faissant pareil-
lement a la piece cy dessus la somme
de sept mil trois cent quatre vingt treise
livres quinze sols cy...............   7393^l 15^s

                                        ——————————
                                        23440^l 12^s 6^d

» Veu livré reglé et arresté les trois pieces de tapisseries y dessus a la somme de vingt et trois milz quatre
cents quarante livres douzes sols six deniers,... suyvant
le pris qui en a esté convenu, faict a Nancy au
Bureau de l'hostel ce 29e octobre 1718.

                    » C. Magnien (1). »

                        —

» Depar Son Altesse Royale
» Il est ordonné à Me Dominique Anthoine, receveur
général de nos finances, de payer à Alexandre Germain,
tapissier de nostre hostel, la somme de cinq cent quarante huit livres sept sols pour le parfait payement et
restante duë de celle de quatre mil huit cent cinquante
livres neuf sols six deniers, à laquelle revient le prix
de la tapisserie que nous avons fait faire en haute lisse,
representant le siège de Vienne; le surplus ayant esté

(1) B. 1643.

payé des deniers de nostre cassette, sçavoir à Bacor (1)
deux mille cent livres, et audit Germain, directeur des
ouvrages de laditte tapisserie, deux mille deux cent
sept livres deux sols; laquelle somme de 548^l 7^s 6^d sera
distribuée par ledit Germain à ceux à qui elle est duë,
suyvant les mémoires et reçûs cy joints ... Donné
à Lunéville le 8 novembre 1724.

» Léopold. »

» Estat des deniers deslivrez par ordre de Son Altesse
Royale aux tapissiers de la Malgrange.

Sçavoir

» Le 28 juin 1723 à Jean Bacor	»	600^l	
» Le 28 aoust au meme..............	»	600	
» Le 10 décembre au meme..........	»	600	
« Le 14 janvier 1724 à Edme Pinot, l'un desdits ouvriers................	»	300	
		2100	
» Le 15 fevrier au Sr Germain, tapissier.	»	300	
» Le 14 mars au meme..............	»	300	
» Le 15 avril au meme	»	300	
» Le 15 may au meme..............	»	300	
» Le 15 juin au meme..............	«	300	17^s
» Le 18 septembre au meme	»	300	
» Et le 21 octobre au meme..........	»	406	5
» En tout......................	»	4307^l	2^s

Suivent les sept quittances de Germain portant: « J'ai
reçu la somme de ... pour les tapissiers de la Mal-

(1) Celui-ci avait reçu, en 1717, 800 livres pour deux por-
traits de Léopold. (B. 1629.)

grange » ; puis, à la suite l'une de l'autre, deux quittances de Bacor, ainsi conçues, et dont la signature seule est
de sa main : « J'ay receu de Monsieur Vaultrin, secrétaire du Cabinet de Son Altesse Royale, la somme de
six cent livres tournois à compte des ouvrages de tapisserie que je fabrique pour Son Altesse Royale. Fait
à Lunéville le 28 aoust 1723 (1).

» Iosse Bacor. ».

« J'ai receu de plus à compte desditz ouvrages la
somme de six cent livres. A Lunéville le dixième décembre 1723.

» Iosse Bacor. »

Ces deux pièces sont précédées, dans le dossier,
d'une requête adressée à Léopold, et dans laquelle
Iosse Bacor, « hautelisier de la Malgrange », lui dit qu'il
« meure de faim et tous ses garçons si Vôtre Altesse
Royal n'a la charitable compation de luy faire accorder
des moyens à supsister, en luy faisant payer seulement
les ouvrages qu'il a fait et fourny dont le Sʳ Germain
vôtre tapisier a vue et examiné... »

Suit une quittance datée du 14 janvier 1724, signée
Edme Pinot, portant qu'il a reçu pour le Sʳ Bacort,
à compte de ses ouvrages, la somme de 300 livres.

Une nouvelle quittance de Pinot est ainsi conçue :
« Nous avons resue de Monsieur Germaint tapisié gar-
demeuble de Son Altesse Royal la somme de 405
livres 5 sols faite a Lunévile le 21ᵉ octobre 1724.

» Edme Pinot. »

(1) Le 28 juin précédent, il avait déjà reçu 600 livres
tournois à compte des ouvrages « qu'il devait fabriquer ».

Jean Depoix touche, le 12 juillet 1724, 28 livres « pour de la chaisne » qu'il a vendue à M. Germain « pour la piece de tapiserie de hautelice qui se fait à la Malgranche ».

Enfin, un reçu de Dieudonné Coclet, chargé de peindre la bordure de la pièce de tapisserie en question, nous apprend qu'elle représentait le *Siège de Vienne* (1).

—

Les autres ouvrages exécutés postérieurement, à la Malgrange, sont indiqués dans les mentions suivantes des comptes de l'hôtel de François III (2) :

« Le comptable fait dépense (en 1731) de la somme de 126 livres au Sr Anthoine, trésorier général des finances, pour remboursement de pareille somme qu'il a payé à Coclet, peintre, pour ouvrages faits pour les tapissiers de la Malgrange.

» De celle de 625 livres au comptable pour pareille somme qu'il a payé aux tapissiers de la Malgrange pour restant du prix de la pièce de tapisserie représentan le mois d'avril.

» De celle de 113 livres à Coclet, peintre, pour ouvrages de peinture qu'il a fait pour les models de tapisserie que l'on fait à la Malgrange, représentant le mois de may.

» De celle de 1500 livres audit comptable pour pa-

(1) B. 1670.

(2) Le n° VI du catalogue von Birk nous apprend qu'en 1730, Louis XV avait donné à ce prince une suite précieuse de *Représentations mythologiques*, en huit pièces, d'après Coyp* ` fabriquées aux Gobelins.

reille somme qu'il a fait état au Sr Anthoine,... qui les avoit payés aux tapissiers de la Malgrange, à compte de leurs ouvrages, pendant l'année 1730 (1). »

» De celle de 4811 livres 18 sols aux Srs Coster et Villiez (marchands à Nancy) pour prix de soye et laines pour les tapissiers de la Malgrange, en aoust 1734 (2). »

A part les *Douze mois*, dont les cartons paraissent avoir été faits par le peintre Coclet, les comptes ne font pas connaître les sujets des autres tapisseries ; mais le docteur von Birk (n° IX de son Catalogue) dit que dix-neuf pièces des Victoires de Charles V furent exécutées à la Malgrange.

M. Muntz termine son travail par les lignes suivantes, qui complètent l'historique des ateliers du Palais ducal et de la Malgrange :

« Si la prise de possession par le duc François III de son nouveau duché, la Toscane (1737), porta un coup fatal à l'antique manufacture de tapisseries de Florence, ... en revanche, la renonciation de ce prince à ses Etats héréditaires semble n'avoir que développé son attachement pour ses anciens sujets. Une de ses premières mesures fut de fermer, l'année même de son avènement, la manufacture médicéenne ; on pouvait croire l'art de la tapisserie à jamais banni de Florence, lorsque, vers 1740, le même prince fit reprendre les travaux : seulement, cette fois, des tapissiers lorrains

(1) B. 1714, f°^{s} 62, 66 v°, 72 v° et 95 v°. — Les comptes des années 1731 et 1732 font, en même temps, mention de sommes payées « aux Poix » et à Le Coq pour raccommodage de pièces de tapisserie représentant divers mois de l'année.

(2) B. 1745, f° 45.

avaient remplacé, sur presque toute la ligne, les tapissiers italiens...

ɔ En 1742, les métiers de haute lisse établis à Poggio
Impériale, près de Florence, sont tous entre les mains
de Lorrains. Ce sont des Lorrains également, Roch le
jeune et Charles Depoix, qui s'occupent, au Palais
Vieux, des travaux de rentraiture. Deux Lorrains enfin,
Alexandre Germain (1) et Joseph Vauthier (*Giuseppe
Vauthier, pure Lorenese*), président à ces différentes
entreprises avec le titre de chefs du Garde-meuble... »

HENRI LEPAGE.

Extrait

du JOURNAL DE LA SOCIÉTÉ D'ARCHÉOLOGIE LORRAINE

Octobre-Novembre 1886

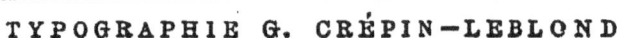

TYPOGRAPHIE G. CRÉPIN—LEBLOND